¡Mira cómo crece!

La vida del pingüino

Nancy Dickmann

Heinemann Library
Chicago, Illinois

www.heinemannraintree.com
Visit our website to find out more information about Heinemann-Raintree books.

To order:
☎ Phone 888-454-2279
💻 Visit www.heinemannraintree.com to browse our catalog and order online.

Edited by Nancy Dickmann, Rebecca Rissman, and Catherine Veitch
Designed by Joanna Hinton-Malivoire
Picture research by Mica Brancic
Production by Victoria Fitzgerald
Originated by Capstone Global Library
Printed and bound in China by South China Printing Company Ltd
Translation into Spanish by DoubleOPublishing Services

15 14 13 12 11
10 9 8 7 6 5 4 3 2 1

Library of Congress Cataloging-in-Publication Data
Dickmann, Nancy.
  [Penguin's life. Spanish]
  La vida del pingüino / Nancy Dickmann.—1st ed.
     p. cm.—(¡Mira cómo crece!)
  Includes bibliographical references and index.
  ISBN 978-1-4329-5279-2 (hc)—ISBN 978-1-4329-5291-4 (pb) 1. Penguins—Life cycles—Juvenile literature. I. Title.
  QL696.S47D5318 2011
  598.47—dc22   2010034145

Acknowledgments
We would like to thank the following for permission to reproduce photographs: Ardea pp. **7** (Graham Robertson), **9** (Auscape); FLPA p. **16** (Minden Pictures/Ingo Arndt); Nature Picture Library pp. **5** (© Fred Olivier), **21** (© David Tipling); Photolibrary pp. **4** (Flirt Collection/Kevin Dodge), **6** (Oxford Scientific Films (OSF)/Kjell Sandved), **8** (Oxford Scientific Films (OSF)/David Tipling), **10** (Cusp/Frank Krahmer [Oxford Scientific Films (OSF)/David Tipling]), **11** (Oxford Scientific Films (OSF)/Mike Tracey), **12** (Picture Press/Thorsten Milse), **13** (age fotostock/Morales Morales), **14** (Oxford Scientific Films (OSF)/Tui De Roy), **15** (Oxford Scientific Films (OSF)/Tui De Roy), **17** (Oxford Scientific Films (OSF)/Doug Allan), **18** (All Canada Photos/Wayne Lynch), **19** (Oxford Scientific Films (OSF)/Doug Allan), **20** (Tsuneo Nakamura), **22 bottom** (Oxford Scientific Films (OSF)/Tui De Roy), **22 left** (Oxford Scientific Films (OSF)/Tui De Roy), **22 right** (Picture Press/Thorsten Milse), **22 top** (Oxford Scientific Films (OSF)/David Tipling), **23 bottom** (Oxford Scientific Films (OSF)/Mike Tracey), **23 middle bottom** (Picture Press/Thorsten Milse), **23 middle top** (age fotostock/Morales Morales), **23 top** (Oxford Scientific Films (OSF)/Tui De Roy).

Front cover photograph of emperor penguins in Antarctica reproduced with permission of Corbis (© Paul Souders). Inset photograph of an emperor penguin egg reproduced with permission of Photolibrary (Oxford Scientific (OSF)/David Tipling). Back cover photograph of an emperor penguin with an egg reproduced with permission of Ardea (Graham Robertson).

The publishers would like to thank Nancy Harris for her assistance in the preparation of this book.

Every effort has been made to contact copyright holders of material reproduced in this book. Any omissions will be rectified in subsequent printings if notice is given to the publishers.

Contenido

Ciclos de vida

Todos los seres vivos tienen un ciclo de vida.

Los pingüinos tienen un ciclo de vida.

Una cría sale del cascarón. Crece
hasta ser un pingüino.

huevo

Un pingüino hembra pone huevos.
El ciclo de vida comienza de nuevo.

Huevos

Un pingüino hembra pone un huevo en invierno.

huevo

Le da el huevo a un pingüino macho.

En invierno hace mucho frío.

huevo bajo la piel

El pingüino macho pone el huevo
sobre sus pies y lo mantiene caliente.

Crías

Una cría sale del cascarón.

Sus padres lo alimentan.

La cría tiene plumas grises y sedosas.
Pronto caerán.

Hay plumas blancas y negras debajo
de las grises.

Convertirse en pingüino

El joven pingüino aprende a nadar.

El joven pingüino atrapa peces para comer.

En otoño, los pingüinos caminan a través del hielo.

Se reúnen en un grupo grande.

Un pingüino hembra pone un huevo.

El ciclo de vida comienza de nuevo.

El ciclo de vida de un pingüino

1 Un pingüino hembra pone un huevo.

2 Una cría sale del cascarón.

4 La cría se convierte en un pingüino adulto.

3 La cría crece.

Glosario ilustrado

pluma cubierta del cuerpo de las aves

hembra capaz de tener crías. Una chica es una hembra.

salir del cascarón nacer de un huevo

macho capaz de ser padre. Un chico es un macho.

Índice

Nota a padres y maestros

Antes de leer

Muestre a los niños una foto de un huevo de pingüino y pregúnteles si saben qué animal puso ese huevo. Deles una pista mostrándoles fotos de la Antártida. Explique a los niños que el animal que puso el huevo vive en un lugar muy frío. Muéstreles fotos de algunos animales que viven en la Antártida, incluido un pingüino. ¿Pueden adivinar ahora qué animal puso el huevo? ¿Qué tipo de animal creen que es el pingüino? Muéstreles una foto de un pollo. ¿Creen que el pingüino es un ave? Explique que todas las aves ponen huevos. Comente qué características del pingüino son similares a las de un pollo y cuáles son diferentes.

Después de leer

- Vea con los niños un video sobre los pingüinos que habitan en la Antártida (puede ser un fragmento de un programa del *Discovery Channel*). Comente el frío que hace en la Antártida y cómo los pingüinos mantienen calientes sus huevos y se calientan unos a otros. Muestre a los niños las fotografías que aparecen en las páginas 11 y 19 de este libro para ayudarlos a entender.

- Haga con los niños una lista de las cosas que hacen para mantenerse calientes cuando salen en un día frío. Comente cómo sería vivir en un lugar muy frío.

- Entregue a cada niño una bolsa de frijoles para que la coloque sobre sus pies y haga como si fuera un pingüino que lleva un huevo sobre sus pies. ¿Es fácil? ¿Pueden caminar con la bolsa de frijoles sobre sus pies?